텅구 텅쓰와 함께하는
신기한 혀 시간표

 **텅구 텅쓰와 함께하는 신기한 혀 시간표**

1판 1쇄 인쇄 2023년 3월 7일
1판 2쇄 발행 2024년 3월 13일

글쓴이 서선연   **그린이** 박미나
펴낸곳 (주)중앙출판사
펴낸이 이상호
편집책임 한라경   **디자인** 책읽는소리

주소 경기도 고양시 일산동구 고봉로 32-9 625호
등록 제406-2012-000034호(2011.7.12.)
문의 031-816-5887   **팩스** 031-624-4085
홈페이지 www.bookscent.co.kr   **이메일** master@bookscent.co.kr
ⓒ 서선연, 박미나 2023

ISBN 979-11-92925-01-1 (73510)

*이 책은 저작권법에 의해 보호를 받는 저작물이므로 무단 전재와 복제를 금합니다.
*KC마크는 이 제품이 공통안전기준에 적합하였음을 의미합니다.

책내음은 (주)중앙출판사의 유아·아동 브랜드입니다.

텅구 텅쓰와 함께하는
신기한 혀 시간표
― 혀에 관한 거의 모든 지식 ―

서선연 글 | 박미나 그림

책내음

차례

 첫째 시간 **과학**

혀는 어떻게 이루어졌을까? 10
혀는 어떤 일을 할까? 14
혀를 돕는 친구들 18
맛보는 혀 22
동물들의 혀는 어떻게 생겼을까? 28

 둘째 시간 **요리**

감칠맛이 뭐야? 34
맛의 비밀 38

 셋째 시간 **의학**

설태는 왜 생길까? 46
혓바늘은 왜 돋아날까? 50
혀를 지키는 사람들 54

 넷째 시간 **국어**

혀에 관한 이야기 60

 다섯째 시간 **역사**

혀를 내미는 게 인사라고? 68
세계 여러 나라의 인사법 70
죽은 사람의 혀 밑에 동전을 끼워 넣은 이유는? 72
혀를 내민 죽음의 여신 76

 여섯째 시간 **체육**

핫둘 핫둘, 혀 운동을 하자! 80

 일곱째 시간 **미술**

혀를 내민 돌짐승이 궁궐을 지킨다고? 86
아인슈타인은 왜 혀 내민 사진을 찍었을까? 90

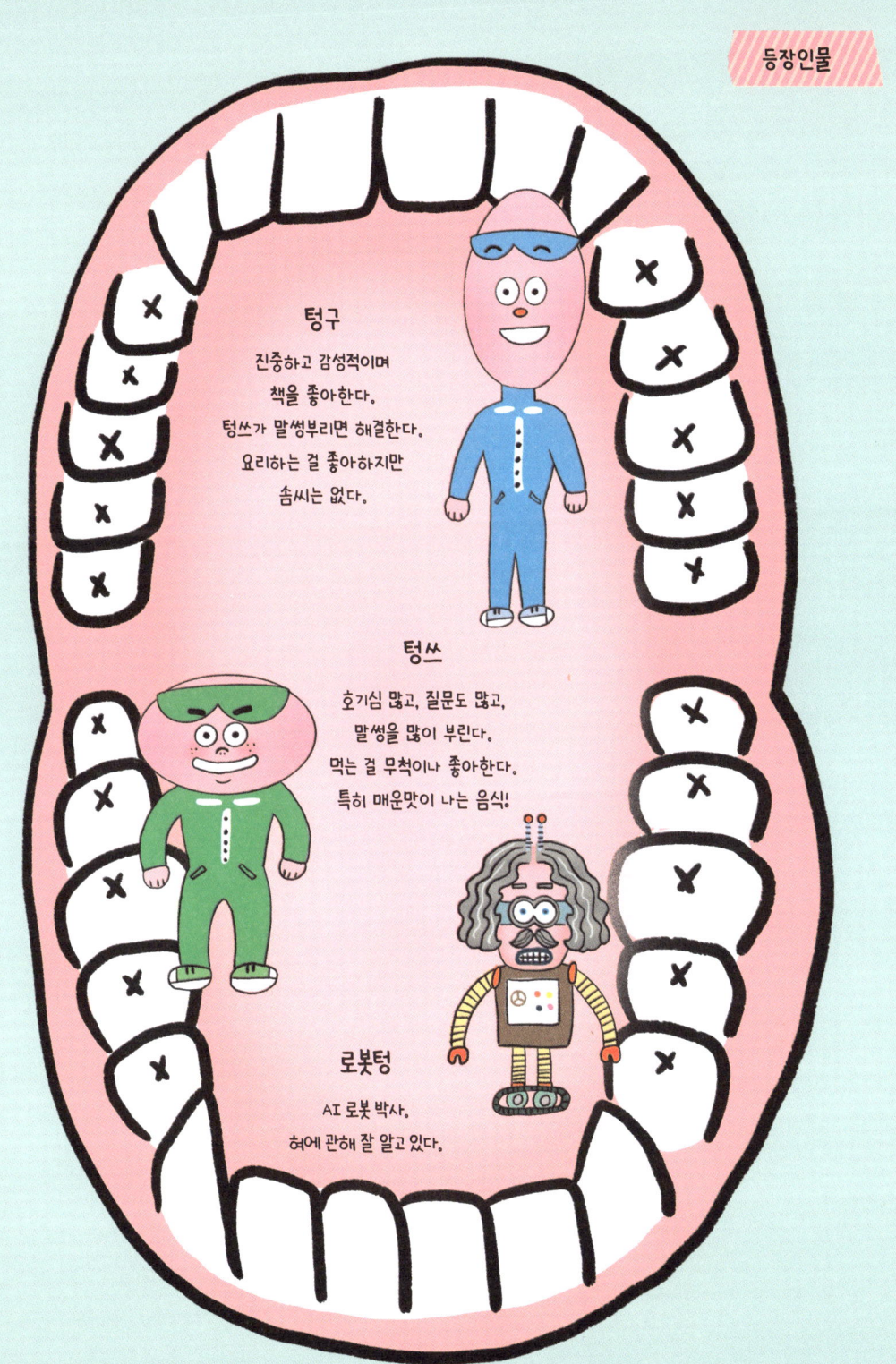

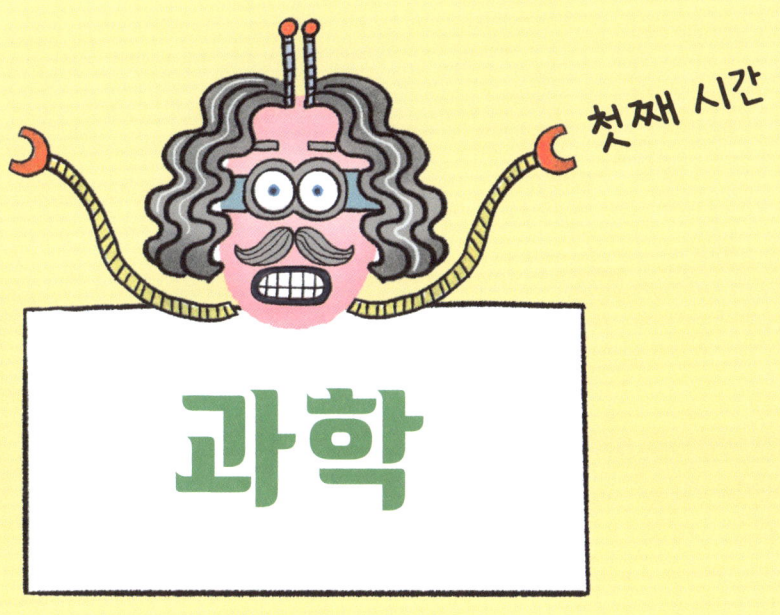

혀는 어떻게 이루어졌을까?

나의 이름은?

나는 입안에 있어.

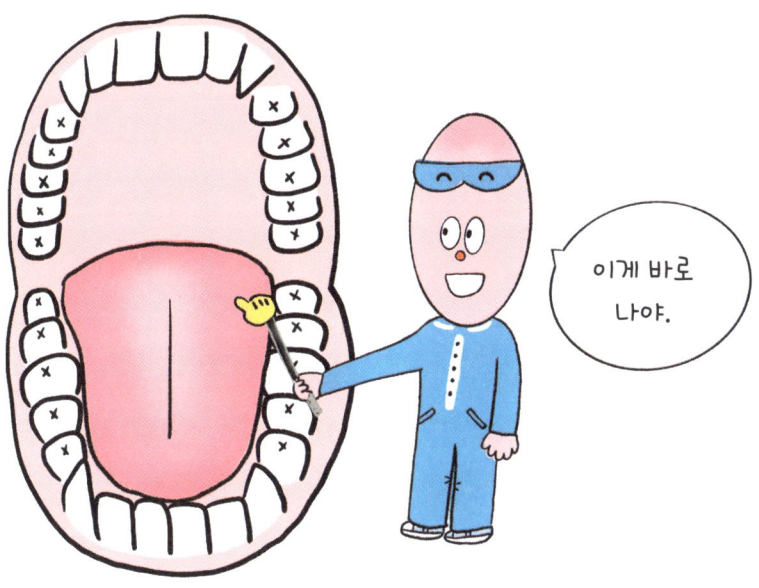

나는 이렇게 생겼어.

혀의 길이는 약 10센티미터 정도예요. 혀는 뿌리와 몸통, 끝 이렇게 세 부분으로 나뉘어 있죠. 입안에서 움직이는 부분은 혀의 몸통 부분이에요.

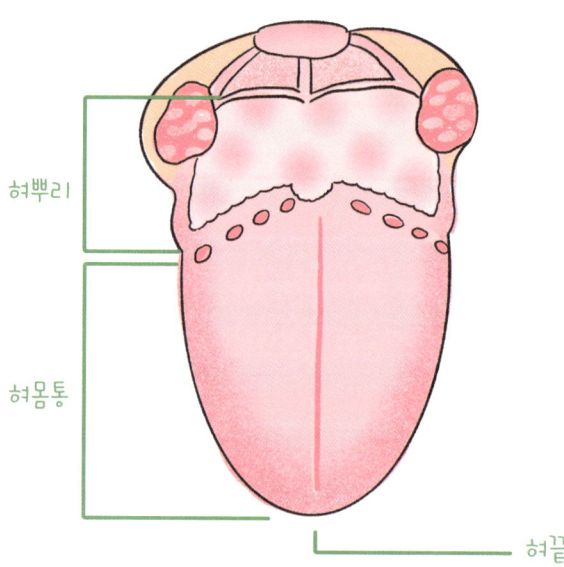

혀뿌리
혀몸통
혀끝

나는 근육으로 되어 있어.

혀 가운데를 구부렸다가 다시 혀를 평평하게 만들어 보세요. 그리고 혀를 앞으로 주욱 내밀고 위아래로 움직여 보세요. 이렇게 혀를 움직일 수 있는 건 혀가 근육이기 때문이에요!

나의 표면은?

혀의 바깥 부분은 부드럽고 끈끈한 막인 점막으로 덮여 있어요. 혀에는 맛을 느끼는 작은 돌기들이 돋아나 있죠. 이 돌기를 미뢰라고 해요.

혀는 어떤 일을 할까?

혀의 임무 하나, 말을 한다!

우리가 말을 할 때, 혀는 입안으로 들어오는 공기의 흐름에 영향을 주어서 소리가 나게 해요. 무슨 말인지 잘 모르겠다고요? 그럼, '아'와 '어' 소리를 내 봐요.

'아' 소리를 낼 때와 '어' 소리를 낼 때 혀와 입술의 위치가 다르지요? 혀는 공기가 우리 입안으로 들어올 때 각각 위치를 다르게 해요. 그래서 다른 소리가 나는 거지요. 말을 할 때, 혀는 입술과 함께 복잡한 모양으로 바뀌어요. 이것은 순식간에 일어나서 우리는 잘 알아채지 못하지요.

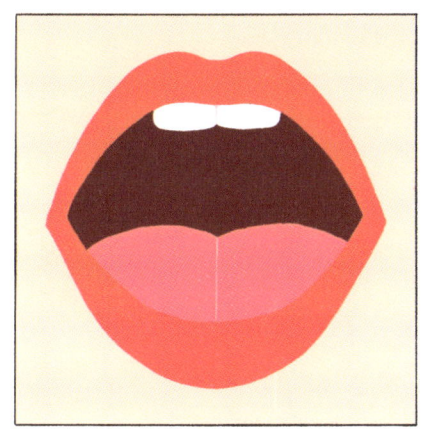 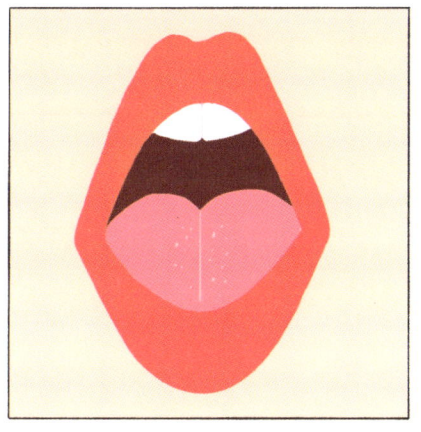

'아' 소리를 낼 때 혀와 입술의 위치   '어' 소리를 낼 때 혀와 입술의 위치

혀의 임무 둘, 음식을 먹을 수 있다!

혀가 있어서 우리는 먹을 수 있어요. 혀가 이리저리 움직여 이가 잘근잘근 씹도록 도와주고 혀가 요리조리 움직여 으깬 음식과 침이 섞이도록 해요. 또 혀가 움직여 질척해진 음식을 입천장 뒤쪽으로 밀어 넣지요.

그다음엔 꿀꺽!

혀의 임무 셋, 음식의 맛을 본다!

혀가 있어서 우리는 음식의 맛을 볼 수 있어요! 달콤한 케이크, 시큼한 레몬과 신김치, 입안이 알싸해지는 씀바귀나 시금치 등 채소의 쓴맛도 바로 혀에서 느껴요.

단맛, 짠맛, 신맛, 쓴맛뿐만 아니라 혀는 상한 음식인지 아닌지도 가려낼 수 있어요. 혀가 상한 맛을 느낀다면, 그건 먹어서는 안 된다는 뜻이에요. 그러니 혀는 배탈이 나거나 우리 몸이 아픈 것을 막아 주는 중요한 역할을 하는 거예요.

혀의 임무 넷, 음식의 온도를 알 수 있다!

혀는 따뜻함과 차가움, 아픔 등을 느낄 수 있어요. 혀에는 차가운 것을 느끼는 냉각, 뜨거운 것을 느끼는 온각, 아픈 것을 느끼는 통각, 부드러운지 거친지를 느끼는 촉각 등 감각을 느끼는 세포가 있기 때문이에요.

아이스크림이나 차가운 음료를 빨리 먹었을 때 머리가 아픈 것을 '아이스크림 두통'이라고 해. 아이스크림 두통은 보통 30분 정도 지나면 사라져.

혀를 돕는 친구들

 **든든한 셔터, 입술**

입술은 한 입 베어 문 음식을 입속으로 들어올 수 있게 해 줘요. 또 이가 음식을 씹을 때 입술은 근육을 이용해서 씹고 있는 음식이 입 밖으로 나가지 못하도록 해요.

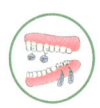 **자르고, 찢고, 으깨는 이**

 앞니: 난 커다란 음식물을 먹기 좋게 잘라.

 송곳니: 질긴 고기는 나한테 맡기라고. 잘게 찢어 줄게!

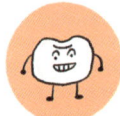 작은어금니: 올록볼록한 부분이 맞물리면서 음식을 찧어.

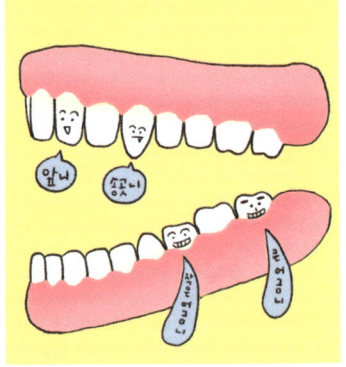

 큰어금니: 작은어금니보다 더 잘게 가는 건 자신 있다고! 맷돌처럼.

음식을 꼭꼭 여러 번 씹으면 뇌의 혈액 순환이 활발해지고, 영양분과 산소가 많이 공급되어 뇌 활동이 활발해져요.

 **솟아라, 침!**

    침은 음식을 부드럽게 만들어서 삼키기 쉽도록 해 줘요. 이가 음식을 잘게 부술 때, 우리 입속에서 나온 침과 섞이면서 물기가 많아져요.

    우리의 입속은 항상 침으로 촉촉해요. 입을 다물고 있을 때도 말을 할 때도 노래를 부를 때도, 심지어 잠을 잘 때도 항상 침이 나와요. 입속에 있는 침샘에서 침을 만들어 내기 때문이에요. 침샘에서는 하루에 1~1.5리터 정도의 침을 만들어 낸대요.

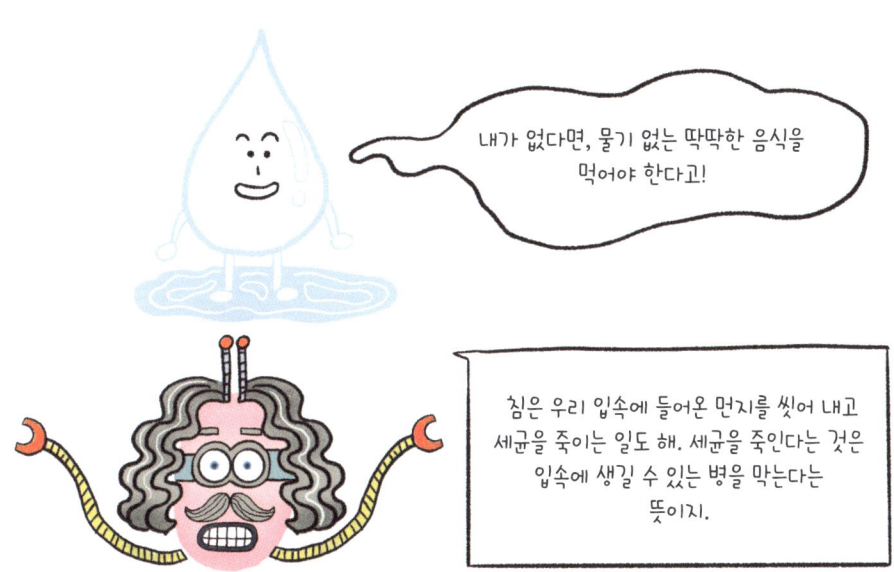

 **꿀꺽, 목젖!**

목젖은 잘게 부숴지고 질척해진 음식이 식도 ^{음식물이 지나가는 길}로 넘어가도록 도와줘요. 또 혀가 음식을 목구멍으로 밀어 넣으면 목젖은 음식이 거슬러 올라오지 못하도록 막아 주는 일을 해요.

혀의 가장 안쪽에 있는 후두덮개도 음식이 기도^{호흡할 때, 공기가 지나가는 길}로 들어가지 않도록 도와준답니다.

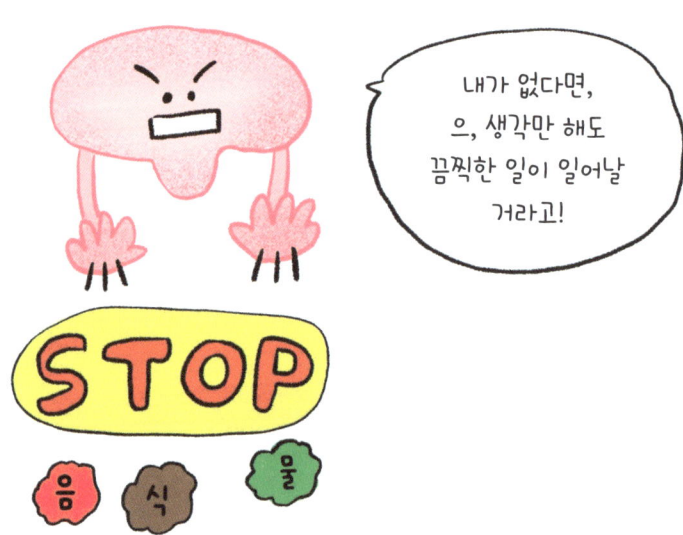

맛보는 혀

맛을 보는 맛봉오리

혀에는 좁쌀처럼 작은 돌기들이 오톨도톨 돋아나 있어요. 이 돌기에는 맛을 느끼는 미뢰가 있어요. 미뢰는 맛을 느끼는 미각 세포들로 이루어진 덩어리예요. 꽃봉오리처럼 생겼다고 해서 '맛봉오리'라고도 해요. 맛봉오리 개수는 사람마다 차이가 나지만, 보통 3천여 개에서 1만여 개 정도랍니다.

맛봉오리가 혀에만 있는 것은 아니에요. 입천장과 볼 안쪽, 목구멍 속에도 맛봉오리가 있답니다. 그래서 우리는 입안 전체에서 맛을 느낄 수 있어요.

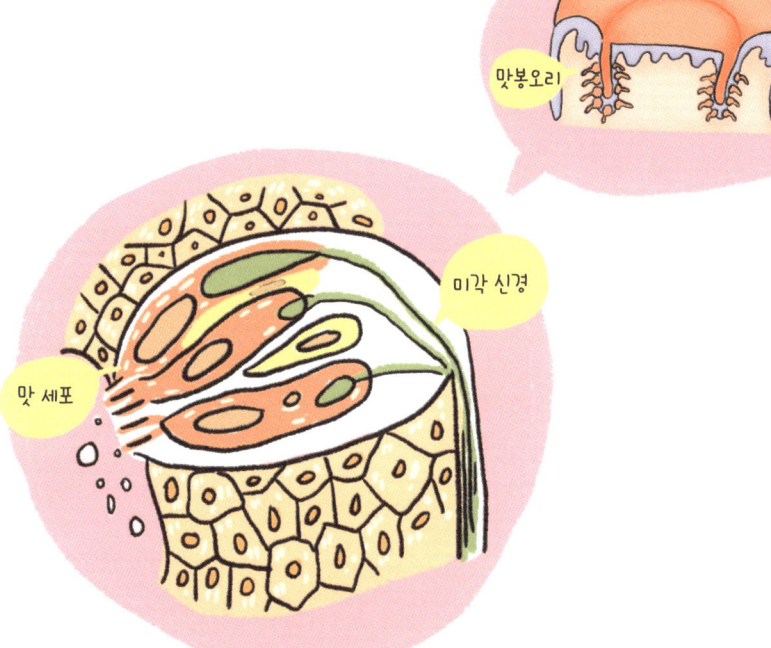

맛은 어떻게 느끼는 걸까?

여기 잘 익은 사과가 하나 있어요. 우리가 사과를 먹고 맛을 어떻게 느끼는지 알아볼까요?

사과를 먹으면 혀에 있는 맛봉오리에 질척해진 사과의 맛 물질화학 물질이 달라붙어요. 미각 세포로 가득 찬 맛봉오리가 맛을 느끼면, 이 자극은 미각 신경을 따라 뇌로 전달되지요. 그러면 뇌는 맛을 구분하고 알아내요!

바로 이렇게요.

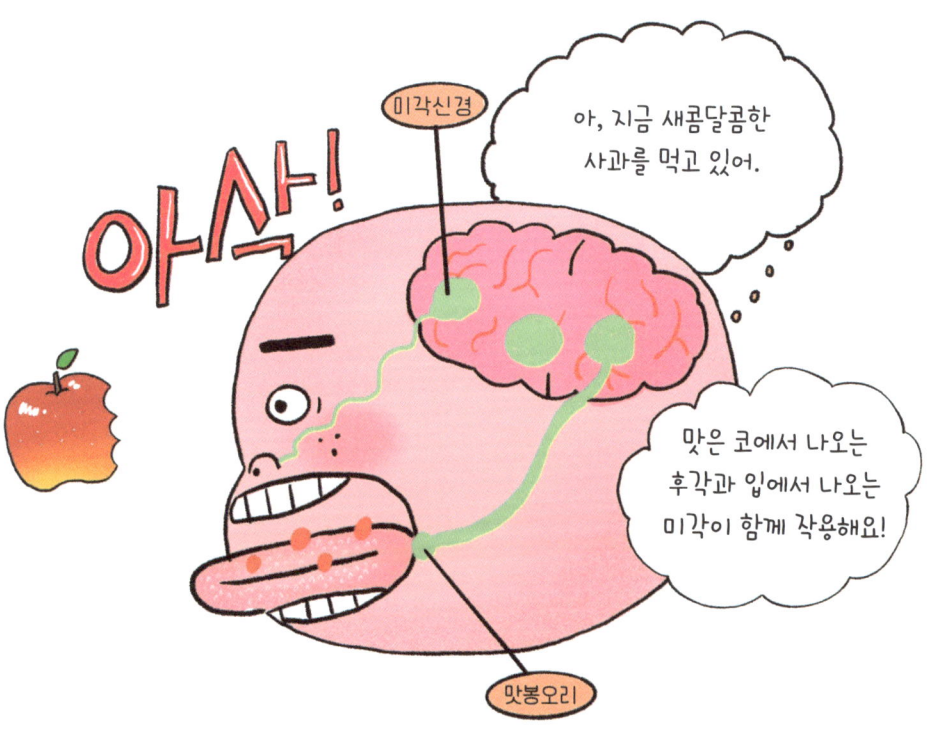

코로도 맛을 본다?

입 뒤쪽에는 코와 연결된 작은 통로가 있어요. 우리가 음식을 먹을 때, 음식에서 굉장히 적은 양의 냄새 물질이 공기 중에 흩어지는데, 그 향기가 콧구멍 안쪽을 따라 올라가요. 이때 느껴지는 향기, 즉 냄새로도 맛을 느낄 수 있어요.

만약 콧구멍이 막히면 냄새가 코로 흘러 들어갈 수 없겠죠? 그래서 감기에 걸리면 맛을 잘 느끼지 못하는 거예요.

눈과 귀도 맛을 느끼는 데 영향을 준다!

다음 음식 가운데 어느 것이 더 맛있어 보이나요? 파란색 닭고기는 별로 맛이 없어 보이네요. '피식' 하고 바람 빠지는 소리가 나는 과자는 오래된 것 같죠?

혀도 늙나요?

보통 45세가 되면 맛봉오리의 수와 크기가 줄어들면서 맛을 느끼는 기능이 퇴화하고 맛을 느끼는 감각이 둔해져요. 단맛과 짠맛을 느끼는 맛봉오리의 기능은 떨어지고, 신맛과 쓴맛을 느끼는 맛봉오리는 기능이 상대적으로 높아져요. 그래서 나이가 들수록 단맛과 짠맛은 잘 못 느끼고, 신맛과 쓴맛은 더 잘 느끼게 된다고 해요. 그래서 노인이 되면 자신도 모르게 음식을 더 달게 먹고 더 짜게 먹게 돼요.

뚱뚱하면 맛을 덜 느낀다?

　2016년, 한 대학 병원의 연구팀이 정상 체중인 사람과 비만인 사람에게 단맛, 짠맛, 신맛, 쓴맛을 느끼는 실험을 했어요. 그런데 비만인 사람은 정상 체중인 사람과 같은 정도의 맛을 느끼기 위해서 설탕은 2배, 소금은 1.8배, 신맛을 느끼는 성분은 1.2배를 더 먹어야 했어요. 전기로 미각을 검사하는 실험에서도 두세 배 더 높은 전류가 필요했고요.

　뚱뚱하면 맛봉오리에 있는 미각 세포의 민감도가 떨어져서 맛을 느끼는 감각이 둔감해져요. 그래서 보통 정도의 달고 짜고 신맛으로는 입맛이 만족스럽지 못해서 더 짜게, 더 달게 먹는대요. 물론 적은 수의 사람을 실험한 거라서 더 많은 연구가 필요하다고 밝혔어요.

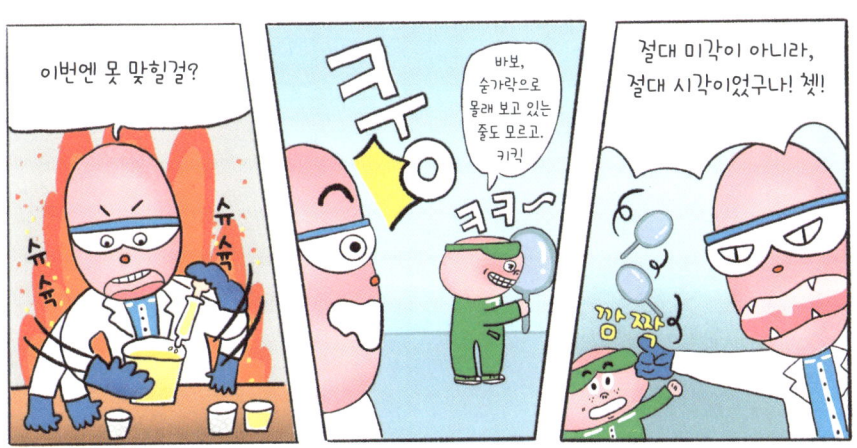

동물들의 혀는 어떻게 생겼을까?

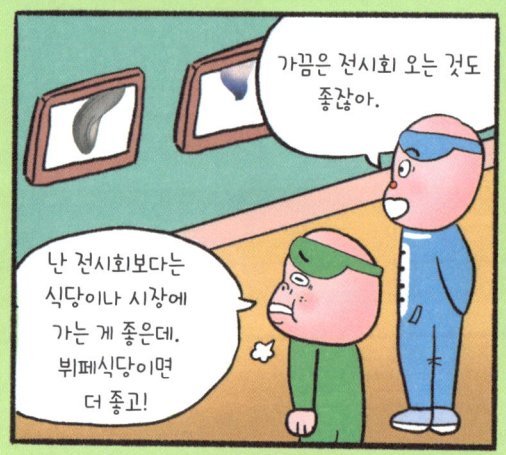

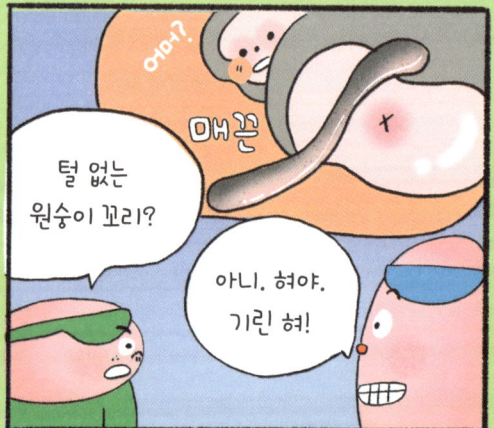

강아지의 혀

강아지는 몸에는 땀샘이 거의 발달하지 않고, 발바닥에만 조금 있어요. 그래서 더운 여름날이면 혀를 길게 내밀고 숨을 헐떡여요. 입안과 혀, 그리고 머리로 올라가는 피를 식히기 위해서지요.

사람은 몸 전체에 땀샘이 발달해서 몸 곳곳에서 땀을 밖으로 내보낼 수 있어. 그래서 쉽게 체온 조절을 할 수 있지.

고양이의 혀

고양이의 혀에는 갈고리 모양의 돌기가 있어요. 혀로 털을 핥아 몸단장할 때, 갈고리 부분에 먼지와 빠진 털 등이 묻어 나오지요. 고양이는 더울 때, 혀로 털을 핥아서 몸을 시원하게 하고, 추울 때는 털을 한 방향으로 가지런히 해서 몸에서 열이 빠져나가지 않도록 해요.

앵무새의 혀

앵무새는 나무 열매와 씨앗을 주로 먹는데, 튼튼한 혀로 씨앗 껍질을 붙잡아서 깨뜨릴 수 있어요. 앵무새는 사람의 말을 따라 하기도 해요. 목구멍 뒤쪽에서 소리가 만들어진 뒤, 혀를 움직여 공기의 흐름을 바꾸어서 소리를 내는 것이랍니다.

기린의 혀

기린은 혀를 주욱 빼서 나뭇가지를 끌어당겨 나뭇잎을 따 먹어요. 60센티미터나 되는 검은색 혀를 날름거리면서요. 기린은 커다란 덩치를 유지하기 위해서 되도록 많은 나뭇잎을 먹어야 해요. 그래서 하루 종일, 잠시도 쉬지 않고 나뭇잎을 따 먹지요.

푸른혀도마뱀의 혀

푸른혀도마뱀은 호주에 살아요. 다른 뱀들처럼 혀로 냄새를 맡지요. 혀를 날름거리면서 공기 중에 있는 냄새 분자들을 혀끝으로 모아 알아내는 거예요. 적이 가까이 오면 쉿쉿 소리를 내며 몸집을 부풀려서 겁을 줘요. 그래도 적이 가까이 다가오면 푸른색 혀를 내밀며 위협해요.

더 알고 싶은 동물들의 혀 (O, X)

1. 뱀이 온몸의 허물을 벗을 때, 혀의 피부는 벗겨지지 않는다. (O, X)

2. 수염고래가 바닷속에서 입을 벌리고 먹이를 잡는 동안, 혀가 온몸에 열을 보내 준다. (O, X)

3. 메기의 맛봉오리는 혀에 있다. (O, X)

4. 검정파리는 발로 맛을 본다. (O, X)

정답 1. → X 2. → O
3. → X 메기는 맛봉오리가 온몸에 있어요. 입 주변에 있는 긴 수염에도 맛봉오리가 있어요.
4. → O 검정파리는 음식물에 앉으면 맛을 알 수 있어요. 발이 맛을 볼 수 있는 털로 덮여 있기 때문이에요.

감칠맛이 뭐야?

맛의 발견

고대 그리스와 로마 시대에는 주변 나라들과 영토 전쟁을 많이 했어요. 영토 전쟁에서 승리하여 전쟁 포로를 데리고 와서 노예로 부렸지요. 그 덕분에 호화롭고 사치스러운 생활을 했어요. 이들은 자신의 지위와 능력을 과시하기 위해 수십 가지 음식을 차려 놓고 잔치를 벌였답니다. 수많은 음식을 먹으며 이들이 알아낸 것이 있었어요.

맛에는 단맛, 짠맛, 신맛, 쓴맛 이렇게 네 가지가 있다는 사실이에요!

입안을 감치는 맛이라서 감칠맛!

1907년, 일본의 한 과학자가 두부전골을 먹다가 여태껏 느끼지 못한 맛을 느꼈어요. 그것은 단맛도 아니고 짠맛, 신맛, 쓴맛도 아니었어요.

"오랫동안 두부전골을 먹었지만, 이런 맛은 처음이야. 어디서 나는 맛일까? 두부 맛은 아니야. 당근에서 나는 맛도 아니야. 이 맛의 정체는 도대체 뭘까?"

이 과학자는 두부전골의 국물을 만들 때 쓴 다시마에 주목했어요. 그리고 다시마 국물의 맛에 홀딱 반해서 맛의 정체를 연구하기 시작했지요. 오랜 연구 끝에 이 과학자는 다시마에서 특별한 맛 성분을 뽑아냈어요. 그리고 1908년에 자신이 발견한 새로운 맛을 '감칠맛'이라 이름 붙였어요. 맛이 사라지지 않고 입안에서 계속 '감치다', 혹은 '맛있다'는 뜻과 '맛'을 합해 만든 이름이지요.

그 뒤, 일본의 다른 과학자들이 가다랑어포와 표고버섯의 추출물에도 감칠맛 성분이 있다는 사실을 밝혀냈어요.

감칠맛이 풍부한 음식

감칠맛을 한마디로 표현하기는 어려워. 감칠맛은 단맛도, 매운맛도, 신맛도, 쓴맛도 아니거든. 감칠맛은 우리 혀를 덮는 듯한 수프, 또는 고기 맛이야. 감칠맛은 군침을 돌게 하지.

다시마 　 가다랑어포 　 표고버섯 　 고기

혀에서 느끼는 다섯 가지 기본 맛

맛의 비밀

매운맛과 떫은맛이 통증이라고?

 매운 고춧가루가 듬뿍 든 음식을 먹으면 입안이 얼얼해지고 심지어는 혀가 아프기까지 하지요. 떫은 감을 먹으면 혀가 오그라들면서 텁텁함을 느껴요. 매운 것과 떫은 것을 먹으면 혀와 입속에 있는 통증을 느끼는 신경이 자극을 받아요. 즉 고춧가루가 혀를 자극해 쿡쿡 쑤실 때 우리 뇌에서는 그 맛을 맵다고 느끼고, 떫은 감이 혀를 자극해 오그라들면 우리 뇌에서는 그 맛을 떫다고 느껴요.

 매운맛과 떫은맛은 혀가 느끼는 통증이에요. 그래서 다섯 가지 기본 맛에 속하지 않아요.

짠맛의 비밀

 짠맛 하면 가장 먼저 생각나는 것은 아마 소금일 거예요. 소금의 주성분은 나트륨이에요. 나트륨은 많이 먹으면 건강에 좋지 않아요. 하지만 우리 몸에 나트륨은 반드시 필요하답니다. 나트륨은 우리 몸의 신경 세포가 원활히 활동할 수 있는 환경을 만들어 주거든요.

 소금은 음식에 짠맛을 더해 줄 뿐만 아니라 이상한 냄새가 나는 걸 줄여 줘요. 또 소금을 넣음으로써 단맛을 더 강하게 하고, 음식의 향을 더 풍부하게 만들지요.

음식을 할 때, 소금을 많이 넣으면 짠맛이 강해지고, 더 많이 넣으면 쓴맛이 나요.

> 어른은 하루에 10~20그램 정도의 소금이 필요해. 우리 몸에 소금이 부족하면, 물을 마시지 않을 때보다 더 위험해. 우리 몸에서 수분이 빠져나가는 '탈수 현상'이 일어나기 때문이야.

매운맛을 가장 잘 느끼는 음식의 온도는?

우리 혀가 매운맛을 가장 잘 느끼는 온도는 60도예요. 60도 이상에서 매운 음식을 요리하면, 매운맛이 살아나서 입안을 강하게 자극하고, 우리 뇌는 아주 맛있게 맵다고 느낀다고 해요.

음식에 향기로운 맛을 더하는 향신료

고추, 후추, 파, 마늘, 생강, 겨자 등은 맵거나 향기로운 맛을 더해 주는 향신료예요.

겨자씨 기름은 음식의 쓴맛을 줄여 주고, 지나치게 짠맛도 약하게 느끼게 해 줘요.

고추에 들어 있는 캡사이신이라는 성분은 매운맛을 낼 뿐만 아니라, 짠맛과 단맛을 느끼는 세포를 자극해요. 조선 시대에 김치를 담글 때, 소금이 부족하면 대신 고추를 많이 넣었다고 해요. 조선 시대 유학자들도 김치 담글 때, 소금에만 절이지 말고 고추, 마늘, 파, 젓갈 등을 많이 쓰라고 적은 기록이 있어요. 고추와 마늘 등의 향신료가 소금의 역할을 대신할 수 있기 때문이지요.

비행기에서 감칠맛을 더 많이 느낀다?

영국 옥스퍼드 대학교의 연구팀은 비행기에서 승객들이 토마토 주스를 많이 찾는다는 사실에 주목했어요. 그리고 비행기 소음이 단맛과 짠맛을 느끼는 능력을 억누르고 대신 감칠맛을 느끼는 능력을 증가시킨다고 주장했어요.

미국 코넬 대학교의 연구팀도 비행기 소음 실험을 했는데, 감칠맛은 조용한 환경보다는 시끄러운 환경에서 더 진하게 느낀다고 설명했어요. 비행기를 타게 되면, 음식을 먹어서 직접 확인해 보세요!

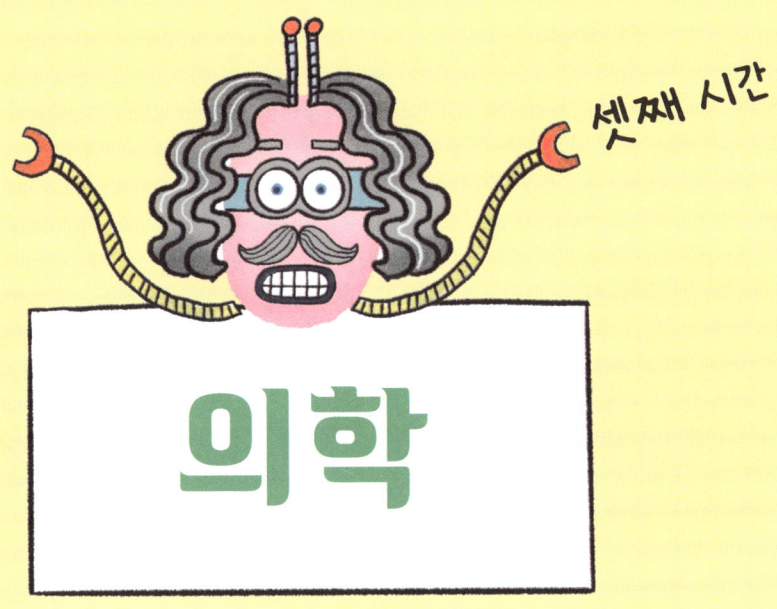

설태는 왜 생길까?

혀에 낀 이끼, 설태

음식을 씹으면, 혓바닥에 있는 맛봉오리에 음식이 달라붙어 맛을 느껴요. 그리고 혓바닥에는 음식물 찌꺼기와 침 등이 쌓이지요.

만약 음식을 먹은 뒤, 양치질을 하지 않고,

쌓이고, 쌓이고, 쌓이면…

맛봉오리 사이에 붙어 있던 음식물 찌꺼기와 침, 세균 등이 혓바닥에 끼어서 설태가 생겨요. 혀의 표면에 생기는 정상적인 설태는 보통 흰색이에요. 잠자고 일어났을 때, 설태를 확인하는 게 가장 좋아요. 우리가 잠잘 때는 침의 분비량이 감소하여 설태의 양이 가장 많기 때문이에요.

설태의 색깔로 질병을 알 수 있다!

혀는 식도나 위, 창자, 간 등 소화 기관의 거울이라고 해요. 즉 혀만 봐도 건강한지 아닌지 알 수 있다는 뜻이에요. 설태는 건강할 때는 흰색을 띠지만, 몸에 이상이 있으면 색깔이 진해지거나 탁해져요. 그래서 설태의 색깔로 건강 상태를 알 수 있어요.

설태는 입 냄새의 주된 원인

설태는 입 냄새의 주된 원인이기도 해요. 혀의 뒤쪽 부분에 희거나 누렇게 쌓인 설태는 입 냄새를 일으키는 세균들이 주로 만들어요. 그래서 양치질할 때, 혓바닥을 잘 닦아야 해요. 칫솔을 깊숙이 넣어 혀의 뒤쪽 부분을 닦거나 설태 제거제를 써도 좋아요.

충치가 생겨도 입 냄새가 나. 그러니까 충치가 생기지 않도록 이를 부지런히 닦아야 해.

다음 날

혓바늘은 왜 돋아날까?

혀에 좁쌀처럼 돋아난 혓바늘

혓바늘은 혓바닥에 좁쌀같이 돋아난 것을 말해요. 주로 혀의 가장자리 부분 맛봉오리에 염증이 생겨 붉게 솟아오르지요. 맵고 짠 자극적인 음식을 많이 먹거나, 오랫동안 피로가 쌓였거나, 잠을 자지 못하거나, 스트레스, 영양 부족 등 여러 가지 이유로 혓바늘이 돋아나요. 혓바늘이 돋아난 부분을 스치거나 자극을 받을 때마다 바늘로 콕콕 찌르듯이 아프고, 심할 경우 음식을 잘 못 먹고 말도 잘 못해요.

혓바늘은 이렇게 생겨요!

침은 나쁜 세균이 몸 안에 들어오는 것을 막거나, 나쁜 세균의 수가 늘어나는 것을 억제해요. 침이 마르거나 줄어들면, 입안의 점막도 약해져서 염증이 생겨요.

몸이 피곤하거나 스트레스를 받으면 얼굴 근육이 오그라들고, 혈관과 침샘이 압박을 받지요. 침샘에서 침이 나오지 않으면 혓바늘이 돋아나요.

혓바늘이 돋았을 때, 이렇게 해 봐요!

입안이 건조하지 않도록 물을 많이 마셔요.

비타민이 풍부한 과일이나 채소를 많이 먹어요.

맵고 짠 음식을 먹지 않아요.

탄산음료는 혓바닥을 자극하므로 마시면 안 돼요.

혀에 생기는 질병들

딸기 혀가 되는 가와사키병

가와사키병은 건강하던 아이가 갑자기 열이 나고 온몸에 발진이 생기는 병이에요. 가와사키병의 증상 가운데 하나가 딸기 혀예요. 입술이 빨개지며 혀가 딸기처럼 빨갛게 보이고, 목 안 점막도 빨갛게 부어오르지요. 이 병의 원인은 정확하게 알려지지 않아 특별한 예방법은 없어요. 하지만 빨리 발견해서 치료하면 증상을 줄일 수 있대요.

가와사키병은 1967년 일본의 가와사키 지방에서 처음 보고된 질병으로, 1~4세의 영유아에게서 주로 나타난다고 해.

혓바닥이 갈라지는 병

혓바닥에 열이 많거나 입안이 많이 건조하고, 우울증이나 불안증, 불면증 등이 생겼을 때 혓바닥이 갈라지는 현상이 나타나요. 누구에게나 생길 수 있지만, 나이가 들수록 많이 나타난다고 해요. 혓바닥이 갈라지더라도 아프지 않거나 음식 맛을 느끼는 데 불편함이 없으면 치료하지 않아도 돼요. 하지만 혀가 아프거나 입 냄새가 많이 나거나 음식 맛을 잘 느끼지 못하면 반드시 치료를 받아야 해요.

혀를 지키는 사람들

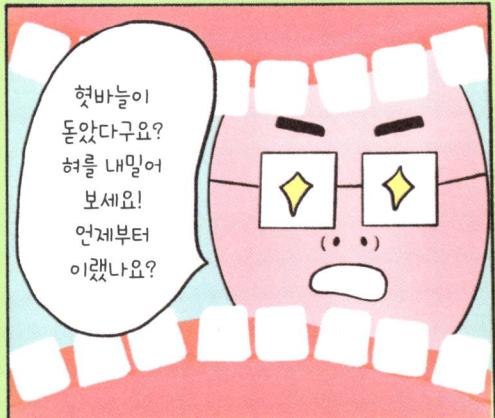

혀에 관한 이야기

우리나라 속담에 나오는 혀

세 치 혀가 사람 잡는다.

　세 치 정도밖에 안 되는 짧은 혀로 말을 잘못하면 사람을 죽게 만들 수도 있다는 뜻이에요. 말을 함부로 해서는 안 된다는 것을 비유적으로 이르는 말이죠.

　'치'는 옛날에 길이를 재는 단위였어요. 한 치는 약 3센티미터 정도 되지요. 그러니까 세 치는 약 12센티미터예요.

　'혀 아래 도끼 들었다'와 '혀 밑에 죽을 말 있다'라는 속담도 말을 잘못하면 재앙을 받을 수 있으니, 말을 조심하라는 뜻이랍니다.

곰은 쓸개 때문에 죽고 사람은 혀 때문에 죽는다.

　자신이 한 말 때문에 낭패를 볼 수 있으니 말을 조심하라는 뜻이에요. 곰쓸개는 예로부터 약재로 많이 쓰였어요. 그래서 곰쓸개를 얻기 위해 사람들은 곰을 잡았지요. 많은 곰이 쓸개 때문에 죽어야 했어요. 사람이 말을 잘못하면 남에게 피해를 주거나 망신을 당할 수도 있어요. 심지어는 자신이 한 말이 되돌아와 해를 입기도 하지요. 그래서 곰은 쓸개 때문에, 사람은 혀 때문에 죽는다는 속담이 생긴 거예요.

입의 혀 같다.

　상대방이 자신의 뜻대로 움직여 주어서 매우 편하다는 뜻이에요. 말하기 전에 미리 움직이니 입안의 혀처럼 마음대로 할 수 있다는 거예요.

탈무드에 나오는 혀 이야기

혀 이야기 하나

　어느 날 유대교 랍비_{유대교의 율법학자를 이르는 말}가 하인을 불렀어요.
　"시장에 가서 가장 비싸고 맛있는 음식을 사 오게."
　한참 뒤, 시장에서 돌아온 하인은 동물의 혀로 만든 요리를 내놓았어요. 랍비는 그 요리를 맛있게 먹었지요.
　며칠이 지나자, 랍비는 또 하인을 불렀어요. 지난번과 달리 랍비는 돈이 별로 없었어요.
　"시장에 가서 가장 싼 음식을 사 오게."
　한참 만에 집으로 돌아온 하인은 음식을 내놓았어요.
　"가장 싼 음식을 사 왔습니다."
　그런데! 하인이 사 온 음식은 바로, 혀로 만든 음식이었어요.
　랍비는 언짢아하며 물었어요.

"가장 비싼 음식을 사 오라고 했을 때 혀를 사 왔고, 오늘은 가장 싼 음식을 사 오라고 했는데, 똑같이 혀를 사 왔네. 왜 그랬는가?"

그러자 하인이 이렇게 대답했어요.

"랍비님, 혀가 부드럽고 좋을 때는 세상에서 비교할 수 없을 정도로 값비싸고 좋지만, 그렇지 못할 때는 세상에서 가장 값싸고 나쁜 것이 될 수 있기 때문입니다."

혀 이야기 둘

랍비가 자신이 가르치는 학생들을 저녁 식사에 초대했어요. 식탁에 차려진 음식 가운데는 소의 혀와 양의 혀로 만든 음식이 있었어요. 어떤 것은 딱딱한 혀로 만들었고, 또 다른 것은 부드러운 혀로 만들었지요. 학생들은 앞다투어 부드러운 혀로 만든 음식을 먹었어요.

그 모습을 보고 랍비가 학생들에게 물었어요.

"왜 부드러운 혀로 만든 음식만 먹는가?"

학생들은 이렇게 대답했지요.

"딱딱한 혀로 만든 음식은 씹기도 힘들고, 맛도 없습니다. 부드러운 혀로 만든 음식은 씹기도 편하고 맛있습니다."

그러자 랍비가 학생들에게 말했어요.

"여러분도 자신의 혀를 항상 부드럽게 해 두어야 하네. 딱딱한 혀를 가진 사람은 다른 사람을 화나게 하고 기분 나쁘게 만들지만, 부드러운 혀는 다른 사람을 기쁘게 하고 행복하게 해 준다네."

혀를 내미는 게 인사라고?

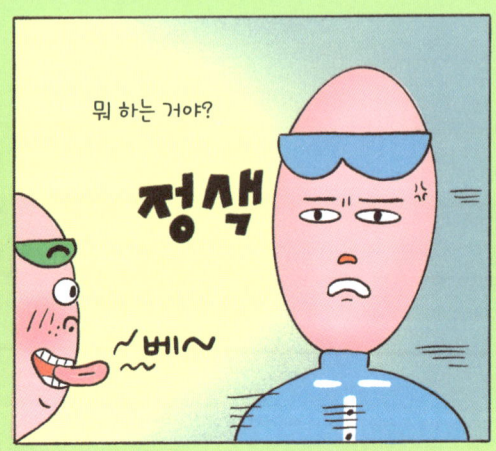

티베트의 인사법

티베트에는 한 손으로 모자를 벗고, 혀를 내미는 전통적인 인사법이 있어요. 이 인사법은 9세기, 티베트의 왕에 얽힌 전설 때문에 시작되었어요.

왕은 티베트 불교를 싫어해서 불교 사원을 파괴하고 불교 경전과 불상을 불태웠어요. 그리고 티베트 백성들이 불교를 믿지 못하게 했지요. 왕은 자신의 명령에 따르지 않는 사람을 잔인하게 해쳤어요.

왕이 잔인한 행동을 하자 티베트 백성들 사이에서는 왕이 혀가 없고, 머리에는 괴물처럼 뿔이 돋아나 있다는 소문이 나돌았어요. 그래서 왕이 머리에 난 뿔을 가리기 위해 항상 모자를 쓰고 다닌다고요.

티베트 백성들은 왕을 '악마'라고 생각했기에 자신은 왕과 같은 악마가 아니라는 것을 보여 주기 위해 혀를 쭉 내밀고, 한 손으로 모자를 들어 뿔이 없음을 보이며 인사를 했대요. 이런 인사법이 오늘날까지 이어져 내려온 거예요.

세계 여러 나라의 인사법

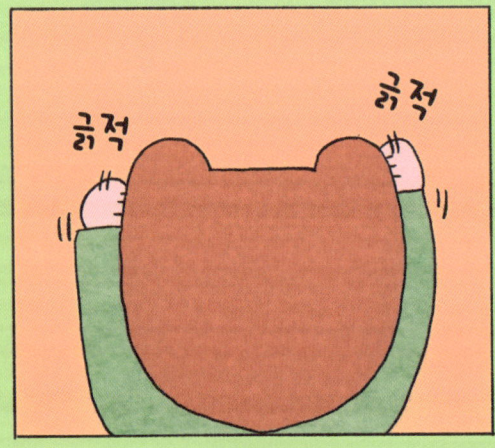

에스키모
코를 비벼요.

아프리카 마사이족
상대에게 좋은 일이
생기기를 바라며
침을 뱉어요.

이스라엘
서로 마주 보며
어깨를 주물러요.

인도
두 손바닥을
가지런히 모으고
'나마스떼'라고
인사해요.

뉴질랜드 마오리족의 손님맞이

'마오리 하카'는 뉴질랜드의 원주민인 마오리족의 민속춤이에요. 손님을 맞이할 때, 얼굴과 몸에 다양한 문양을 그린 마오리족 남자들이 발로 바닥을 힘차게 구르고 손으로 가슴과 팔, 허벅지 등을 치다가 혀를 길게 내미는 춤이지요.

마오리 하카는 원래 마오리족 남자들이 전쟁터에 나가기 전에 추던 춤이에요. 적에게 자신의 힘이 강하다는 것을 보여 주려고 눈을 부릅뜨고 혀를 길게 내밀던 행동에서 만들어진 춤이지요.

죽은 사람의 혀 밑에 동전을 끼워 넣은 이유는?

그리스 신화 속 죽음의 강

그리스 신화에서는 죽음을 의인화한 타나토스라는 신이 죽은 사람의 영혼을 이끌고 다섯 개의 강을 지나 여행을 해요.

저승의 뱃사공 카론은 뱃삯을 주지 않으면 배를 태워 주지 않아요. 그래서 고대 그리스 사람들은 죽은 사람의 혀 밑에 동전을 끼워 넣었어요. 죽은 사람이 뱃삯을 내고 강을 건널 수 있도록 말이지요.

쟁기로 혀를 가는 불교의 지옥

　불교에서는 사람이 죽으면 열 개의 지옥에서 심판을 받는다고 생각해요. 지옥은 땅속에 있는 감옥으로, 살아 있을 때 지은 죄를 심판하여 벌을 받는 곳이에요. 도산지옥, 화탕지옥, 한빙지옥, 검수지옥, 발설지옥, 흑암지옥 등 열 개의 지옥이 있어요.

　그 가운데 발설지옥은 부모님께 말을 함부로 하거나 말로써 가족의 화목을 깨뜨린 사람이 가는 곳이에요. 이곳에서 심판을 받고 죄가 드러나면 벌을 받아야 해요. 몸을 형틀에 매달고 집게로 혀를 길게 뽑아 혀 위에서 소가 쟁기질하는 벌이지요. 입으로 큰 죄를 지었으니, 입에 큰 벌을 내리는 거예요.

혀를 내민 죽음의 여신

핫둘 핫둘, 혀 운동을 하자!

누구세요?

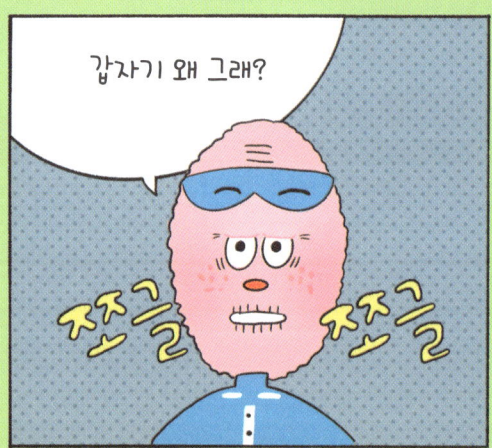

갑자기 왜 그래?

거울 봐 봐.

아악! 내, 내가…
왜 이렇게 늙은 거야?

혀 운동은 하나도 안 하고,
앉아서 책만 보니까
그렇지!

말도 안 돼.
혀 운동 안 한다고 이럴 수가 있어?

혀 운동의 효과

우리는 평소에 혀 운동을 하고 있어요. 음식을 씹거나 말을 할 때, 혀를 움직이는 것이 바로 혀 운동이에요.

혀 운동 효과 하나

침이 생기지 않아 입안이 마르면 입 냄새가 나고 충치가 생길 수 있어요. 혀로 입안을 부드럽게 해 주면 침이 많이 생기고, 입안이 건조해지는 것을 예방할 수 있어요.

혀 운동 효과 둘

잠잘 때, 코를 많이 골거나 수면 무호흡증_{잠잘 때, 호흡하지 않고 10초 이상 계속되는 호흡 중단이 한 시간에 다섯 번 이상 나타나는 현상}도 혀 운동으로 줄일 수 있어요.

코골이나 수면 무호흡증의 원인 가운데 하나는 혀가 아래로 내려가 공기가 들어오는 기도를 좁히기 때문이에요. 평소 혀 운동을 하면 잠잘 때도 혀의 위치를 올바르게 할 수 있어요.

혀 운동 효과 셋

혀 운동을 하면, 얼굴 근육도 함께 움직이게 되지요. 혀 운동을 꾸준히 하면, 얼굴에 탄력이 생기고, 얼굴 주변에 있는 림프의 흐름도 좋게 해요. 그래서 팔자 주름이 덜 생기고, 얼굴 붓기도 가라앉을 수 있어요.

림프는 우리 몸에 있는 옅은 노란색을 띠는 액체로, 림프관을 통해 온몸을 돌아다녀요. 림프는 세포에 영양분을 공급하고 세균을 없애는 일을 해요.

혀 운동 효과 넷

스트레스를 받거나 머리가 아플 때 혀를 내미는 운동을 하면, 뇌와 신경 세포가 모여 있는 중추 신경이 자극되어 통증이 가라앉고 진정될 수 있다고 해요. 또 혀 내밀기 운동을 하면 뇌세포가 활발하게 움직여 기억력이 좋아질 수 있대요.

혀 운동, 이렇게 해 봐요!

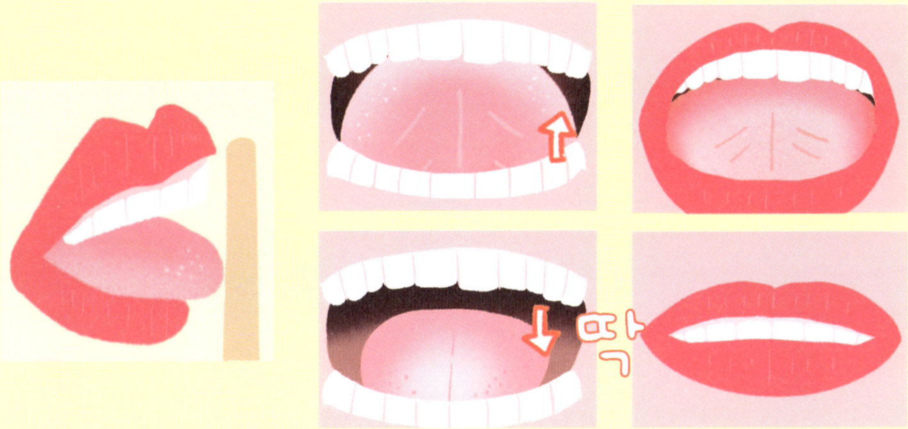

1
얼굴 앞에 숟가락, 혹은 젓가락을 1자로 세워요. 혀끝을 숟가락에 대고 2초간 있어요. 혀끝의 힘을 기를 수 있어요.

2
입 천장에 혀를 붙였다가 '딱' 소리를 내며 떨어뜨려요.

3
입 천장에 혀 전체를 붙인 채, 입을 크게 벌렸다가 다물어요.

혀를 내민 돌짐승이 궁궐을 지킨다고?

경복궁 영제교의 천록

경복궁의 정문인 광화문을 지나 경복궁 안으로 들어가면 흥례문이 나와요. 흥례문을 지나 근정문으로 가는 사이에 영제교라는 돌다리가 있어요. 영제교는 임금님이 계신 곳에 나쁜 것들이 들어가지 못하도록 막는 냇물 위에 지은 다리예요. 신하들이 임금님을 뵈러 들어갈 때, 이곳에 잠시 멈춰 서서 나쁜 마음을 물에 씻어 버리고 깨끗한 마음으로 근정전으로 들어가지요.

경복궁 영제교 옆 돌로 쌓은 벽에는 낮게 엎드린 채 바닥을 내려다보는 네 마리의 돌짐승이 있어요. 물길을 바라보며 금방이라도 물에 뛰어들 자세로 웅크리고 있지요. 이 돌짐승은 궁궐을 지키는 동물인 천록이에요. 임금님이 계시는 궁궐에 나쁜 기운이 들어오지 못하도록 지키는 거예요.

천록은 상상의 동물이에요. 머리에는 뿔이 돋아 있고, 몸에는 비늘이 덮여 있어요. 옛날 사람들은 상상의 동물 천록이 귀신을 물리치는 능력이 있다고 생각했어요.

네 마리의 천록 가운데 한 마리는 혀를 내밀고 있어요. 궁궐을 지켜야 하는데, 무서운 표정을 짓기는커녕 혀를 내밀고 있다니, 신기하죠?

우리나라의 궁궐에는 복을 주고 좋은 운을 부르는 돌짐승들을 새겨 놓았는데, 이처럼 익살스러운 표정을 지은 것이 많다고 해요. 단단한 돌을 쪼개고 다듬는 석공의 뛰어난 솜씨와 한국인의 익살과 해학을 느낄 수 있지요.

혀를 내민 동물

혀 내민 말 모양 토기

2019년 경주 금령총_{경상북도 경주시에 있는 신라 시대의 무덤}에서 혀를 날름 내밀고 있는 말 모양의 토기가 발굴되었어요. 이 토기는 머리와 앞다리 부분만 남아 있었죠.

이전에 발굴된 토기와 달리, 말 모양 토기는 입을 벌리고 혀를 쑥 내밀고 있었어요. 학자들은 왜 혀를 내민 말 토기를 만들었는지 아직은 알 수 없다고 말했어요. 하지만 무덤 안에 토기를 넣은 것은 무덤의 주인이 저승에서도 불편함 없이 살도록 하기 위해서래요.

아인슈타인은 왜 혀 내민 사진을 찍었을까?

 이런 것도 있어.

아인슈타인 혀 내민 사진 패러디 (레고로 만든 것)

아인슈타인 혀 내민 사진 패러디 (카툰)

아인슈타인 혀 내민 사진 패러디 (토스트로 만든 것)

아인슈타인, 혀를 내밀다

1951년 3월, 〈프랑스 수아르(France-Soir)〉라는 신문에 혀를 내밀고 있는 아인슈타인의 사진이 실렸어요. 사진의 제목은 '72세 생일을 맞은 아인슈타인, 혀를 내밀다'였지요.

아인슈타인은 자신의 생일에 왜 혀를 내민 사진을 찍었을까요?

아인슈타인은 미국 뉴저지주 프린스턴 대학 근방에서 72세 생일 파티를 했어요. 파티는 저녁 늦게까지 이어졌고, 아인슈타인은 자동차를 타고 다른 곳으로 가려고 했어요. 아인슈타인은 하루 종일 자신을 따라다닌 사진 기자들 때문에 지쳐 있었어요.

아인슈타인이 자동차 안에서 부인과 친구들과 함께 있는데, 미국의 한 통신사 사진 기자가 가까이 다가와 말했어요. 카메라를 향해 웃어 달라고 말이죠.

바로 그때, 아인슈타인은 사진 기자를 향해 눈을 동그랗게 뜨고 혀를 쭉 내밀어 보였어요. 그리고 사진 기자는 이때를 놓치지 않고 사진을 찍었지요!

> 아인슈타인은 이 사진 기자에게 자신의 사진 아홉 장을 주문했어요. 그 가운데 하나를 친구인 미국 방송국의 기자에게 선물했고요. 사진에는 "이 표정은 모든 인류를 향한 것"이라고 써 있어요.

시간이 흐른 뒤, 아인슈타인은 사진에 대해 이렇게 말했어요.

"나는 권위를 받아들이는 것이 힘들었어요. 내가 근엄한 자세를 취하기를 기다렸을 사진 기자를 향해 혀를 내민 것은, 내가 고정관념을 무작정 받아들이지 않는다는 것을 보여 주지요."

아인슈타인(1879~1955)

아인슈타인은 독일에서 태어났어요. 스위스에서 공대를 졸업하고, 7년 동안 스위스 베른의 특허국 심사관으로 일했어요. 특허국에서 일하는 동안 물리학에 관한 논문 4편을 발표했어요. 그 가운데 특수상대성 이론과 $E=MC^2$ 공식으로 유명한 질량과 에너지의 등가 이론이 있어요.

히틀러가 독일에서 유대인을 박해하자, 아인슈타인은 1933년 미국으로 망명했어요. 하지만 자신이 발견한 이론이 원자 폭탄을 만드는 밑거름이 되자, 원자 폭탄으로 인류가 멸망할 수 있다고 경고하고 전쟁에 반대하며 세계 평화 운동에 힘썼어요.

방과 후

참고 자료

책
1. 《조화로운 몸》(라인하르트 푸츠 글, 송효정·조장호 그림, 유영미 옮김, 민영일 감수, 웅진주니어)
2. 《이런 혀 저런 혀 신기한 혀》(돈 쿠식 글, 윤소영 옮김, 현암사)
3. 《인체 구조 학습 도감》(가키우치 요시유키·박선무 감수, 고선윤 옮김, 중앙에듀북스)
4. 《세상을 바꾼 맛》(정한진 지음, 다른)
5. 《맛 이야기》(최낙언 지음, 행성B)
6. 《어린이 문화 교실》(김기동 지음, 허현경 그림, 한겨레아이들)
7. 《궁궐 장식》(허균 지음, 돌베개)

기사
《뚱뚱하면 짠맛·단맛 덜 느껴》 KBS뉴스, 박광식, 2016년 2월 2일자 뉴스
《소화기 건강, '혀'를 보면 알 수 있다》 매경헬스, 최서영, 2020년 3월 30일자 기사
《경주 금령총서 최대규모 56cm '혀 내민 말 모양' 토기 발굴》 경향신문, 이기환, 2019년 9월 30일자 기사
《아인슈타인 혀 내민 사진 1억원 낙찰》 연합뉴스, 김용래, 2009년 6월 21일자 기사

인터넷 사이트 한국콘텐츠진흥원 http://www.kocca.kr/cop/main.d